AF292898

Georg Gumpp

Staub der Vergänglichkeit

Bibliographische Informationen der Deutschen Nationalbibliothek:
Die Deutsche Nationalbibliothek verzeichnet diese Publikation in der Deutschen Nationalbibliographie; detaillierte bibliographische Daten sind im Internet unter http://dnb.dnb.de abrufbar.

© 2022 Georg Gumpp
Herstellung und Verlag:
BoD – Books on Demand, Norderstedt

ISBN 978-3-7562-7690-5

Staub der Vergänglichkeit

Alles gegeben – Alles verloren

Was von Herzen kam, war im Winde verflogen
Meine Worte zerschellt und zerschlagen
Ohne jemals zu hinterfragen
Was mich hat dazu bewogen,

Euch zu sagen was mich bedrückt
Was mich am Ende noch getragen
Mich bewogen hat doch noch zu sagen
was von der Welt mich hat entrückt.

So seien meine letzten Worte erkoren
Euch zum Erinnern gegeben
Als Nachruf auf mein Leben
Alles gegeben – Alles verloren.

Am Ende

Auch wenn ich geh,
Was bleibt?
Tut es denn jemand weh,
Was ich auch schreib?

Ist alles Wind und Hauch
Und stirbt schon auf den Lippen
Verdampft im Rauch
Beim Zug an letzten Kippen?

So gleite ich auf all den Tönen
Aus einer längst vergangenen Zeit
Die meinen letzten Gang verwöhnen,
Mag er auch sein so kurz so weit.

Wünsch meinen Abschied nur vollkommen
Letztes Ungemach noch ausgeräumt
Versöhnliche Worte gern vernommen
Den Traum des Lebens ausgeträumt.

Wohin

Wohin kann ich mich wenden
In diesen dunkeln Zeiten
Muss doch mein Heil verschwenden
Im Gefühlsmeer der Gezeiten.

Der Blick zurück im Leben
Momente mir zum Trost
Sind mir Gott wohl gegeben
Eingeschlossen hier im Frost.

Wenn niemand ist auch schuldig
An dieser dunklen Nacht
Warte stumm ich und geduldig,
Dass sie bricht – die dunkle Macht.

Ein Lächeln

Ein Lächeln nur
Es tät mir gut
Käm' es von Deinem Munde.

Es spräch' zu mir
und gäb' mir Mut
Aus Deiner Seele Kunde.

Durchschrittenes Tal
Getränkt von Blut
Vergossen Dir zum Bunde.

Vergiss mich nicht
Noch brennt die Glut
Noch spür ich manche Wunde.

Vielleicht

Vielleicht fühlt Sie sich verehrt
Vielleicht läuft die Welt verkehrt.

Vielleicht ist es wahr, was man so sieht
Vielleicht die Logik in diesem Krieg.

Vielleicht ist das alles Schein
Vielleicht passt die Wahrheit hier nicht rein.

Vielleicht ist schlecht in Wahrheit gut
Vielleicht hat nur niemand Mut.

Vielleicht scheint gar nichts mehr gerecht
Vielleicht ist Gutes nur noch schlecht.

Vielleicht.

Beliebt und verachtet

Wirf Dein Leben nicht weg
Du hast doch nur das eine
Dein Blick war so traurig
Mein Empfinden so schaurig
Es traf mich ins Reine.

Ohne Ausweg am Boden
Befand ich mich am Ende
Sah die Sorgen in Deinen Augen
Wie kann ich als Vorbild noch taugen
Schaff ich doch noch die Wende?

Danke

Auch wenn meine Welt dem Untergang geweiht
Heimlich meine Sehnsucht duldsam schweigt
So bin ich doch bedrückt und voller Sorgen
Was von mir bleibt am nächsten Morgen
Steht die Kutsche zum Abschied bereit.

Am Ende meines Lebens seh' ich doch dankbar zurück
Und fühle die Abschnitte Stück für Stück
Die mir in all den Jahren haben so viel gegeben
Um mein Herz höher zu heben
Und mir bescherten mein irdisches Glück.

Im 21. Jahrhundert

Staubiger Sand in der Wüste
Eiskaltes Wasser der Küste
Was gesagt und getan werden müsste,

Zum Schutz durch den zu errichtenden Wall,
Ist verschollen im unendlichen All
Man vernimmt kaum noch den Widerhall.

Die Mahner wurden verbannt
Gefahren wurden kaum mehr genannt
Worte prallten nur an die Wand.

Bald witterte man allseits Verrat
Und Bürger schritten zur Tat
Geht sie nun auf - die unsägliche Saat?

Auch wenn ihr mich verachtet

Auch wenn Ihr mich verachtet
Meine Taten ins Lächerliche zieht
Hab' ich nach eurem Wohl getrachtet
Auch wenn es keiner sieht.

Hab' ich auch gelitten und geweint
und schwer getragen hat mein Herz
Vertrau' ich, niemand hat es bös gemeint
Und keiner wollte meinen Schmerz.

Belogen, betrogen, benutzt (Hommage an den Zeitgeist)

Ich spüre sie – unsichtbare Mauer
Du zeigst Dich nicht, so wie Du bist
Ich kann sie sehen Deine Trauer
In den Spuren in Deinem Gesicht.

Spricht man Dich an, so leidest du stumm
Verziehst deine Miene zum Schein
Willst mir nichts sagen oder fehlt Dir der Mumm?
Und doch hör ich dein lautloses Schrei'n.

Was hat im Leben Dich so sehr verletzt,
Wer hat Dich benutzt und betrogen,
Was ist nur geschehen wer hat Dich gehetzt,
Wer hat Dich so schamlos belogen?

Das war's

In mir versunken, stehe ich vor einem Grab
Gedanken an vergangene Zeit
Wann wird es sein und es ist auch für mich so weit
Wer weiß, was jetzt noch kommen mag.

Nur eines scheint mir noch geboten
Nach langer Reise hinter mir
Den Rest des Lebens auszuloten
Wenn ich nicht mehr bin, was wird aus Euch, was
wird aus Dir?

Was war, lebt nur noch in Erinnerung
Ihre Süße schwelgt in meinem Traum
Manch liebevolle Äußerung
Erfüllt noch heute meinen Raum.

Doch was ich nun auch weitersuche
Der Weg, er wird ein kurzer sein
Der Abschied steht schon bald zu Buche
Und jeder stirbt für sich allein.

Des Lebens Hetze

Des Lebens Hetze schlussendlich müde
Verweil' ich nun im Augenblick
Oft war ich sanft, doch oft auch rüde
Seh' ich auf meinem Weg zurück

Der bald nun an mein Ende führt.
Was bleibt von mir, wer wird noch an mich denken
Wer von meinen Nächsten wird von meinem Tod
berührt
Und mir noch seine Gedanken schenken?

Die letzten Stunden

Es ist wie oft in jenen Morgenstunden
Von schlimmen Ängsten jäh geplagt
Verletzte Seele arg geschunden
Von einer dunklen Ahnung überragt.

Gedanken an die letzten Stunden
Die irgendwann vor einem liegen
Noch lebst Du und leckst Deine Wunden
Ein weiteres Mal konntest Du siegen.

Und doch kreisen die Gedanken
Der nahe Abschied rührt zu Tränen
Das Leben weist Dich in die Schranken
Wer wird Dich später noch erwähnen?

Ende eines Lebens

Noch warst Du da, wir hatten letzte Worte getauscht
Du warst vom Zauber der Jugend geradezu berauscht
Dein Leben begann und stand vor der Tür
Und Du fragtest Dich sicher, was mach ich wofür.

Dein Tatendrang, welch ein Quell des Lebens
Nichts schien unmöglich, nicht schien vergebens
Dann ist es geschehen, das Unglück brach herein
Von einem Moment auf den anderen scheint alles
sinnlos zu sein.

Dein Tod hat so viele Menschen bedrückt
Dieser Schmerz macht Deine Nächsten verrückt
Welchen Trost kann ein Mensch dann noch spenden,
Wenn ein Leben so tragisch muss enden.

Familienglück

Am Ende einer langen Reise
Wag ich den ersten Blick zurück
So viele Wege waren gerade
Manche Biegung war ver-rückt.

So schnell verging die Lebenszeit
Die Gnade, die mir Gott verlieh 'n
Das letzte Stück reicht nicht mehr weit
Unendlich es am Anfang schien.

Was ich erhofft' von meinem Leben
Dies größte Glück war mir beschieden
Familienglück war mir gegeben
Bin ich auch dereinst verschieden.

Grau in Grau

Grau in Grau und tief in mir versunken
Seh' ich kaum das Sonnenlicht,
Das sich im Wasser spielt und bricht
Hör am Tümpel nur die Unken.

Blicke gleiten in den Raum
Bei all dem Trubel doch allein
Nicht einmal Wehmut stellt sich ein
In der Ferne einsam steht ein Baum.

In sich gekehrt fühlt sie sich schwer
Die Last des schon gelebten Lebens
Wer will sich jetzt doch noch erheben?
Wer glaubt schon an die Wiederkehr?

Hilfe

Ein Schrei wird zum Flüstern im unendlichen All
Wo kein Widerpart, da auch kein Widerhall
Kein Halt mehr im Taumel der Endlosigkeit
Kein Trost mehr in der Angst des Alleinseins.

Und doch lebt die Hoffnung, dass irgendwas lebt
Dass dir den Fallschirm aufspannt, Dir den
Rettungsring gibt
Sei es die Hilfe von irgendwo her
Die Dich errettet aus dem Tränenmeer.

In diesem Leben

24

In diesem Leben
Von Lügen getränkt
Kann dich nur erheben
Was dich nicht hat getrennt.

Von dem was du einst erlernt
Und Dich hat getragen
Und Dich nicht entfernt
Von all den wichtigen Fragen.

Was ist Dein Leben?
Was ist Dir wichtig?
Nach was lohnt es sich zu streben?
Was ist am Ende richtig?

In Memoriam

Er hat in all den Jahren
Niemals vergessen was Ihr tat‘
War daher nicht vermessen
Suchte oftmals Euren Rat.

Deshalb will er Euch noch sagen,
Wie sehr er Euch doch mag
Sicher stellt Ihr jetzt auch Fragen
Was Ihn bewog zu seiner Tat.

Er fühlte sich oft ausgeschlossen
Stand im Abseits - nicht im Kreis
Darum wurde er verschlossen
Sodass niemand etwas weiß.

Wie verletzt war seine Seele
Gleich einem angeschoss‘nen Tier
Er dies im Rückblick nicht verhehlte
Und brachte es dann zu Papier.

Er sah sich nicht mehr in der Runde
In der Ihr Euch alle wart so nah
Und er spürte seine Wunde
Wäret ihr ihm einerlei – sie wär‘ nicht da.

Drum grämt Euch nicht, wenn er verschieden
Sucht bitte nicht bei Euch die Schuld
So viel Glück war ihm beschieden
Lag er auch falsch, zur Erkenntnis fehlte ihm vielleicht
– Geduld.

Doch schien es so sein Weg zu sein
Durch Berg und Tal des Lebens
Im Herzen seid Ihr immer sein
In Liebe sei vergeben.

Leben. Leiden. Lieben

Du hast nur das eine
Komm mit Dir ins Reine
Prüf genau Deinen Willen
Geh in Dich im Stillen
Lass vor Freude Dein Herz erbeben
Und genieße bewusst Dein Leben.

Doch auch Schmerz begleitet Dein Leben
Es ist Dir nicht nur Freude gegeben
Du wirst das Tal der Tränen durchschreiten
Doch es wird Dein Bewusstsein erweitern
Dein Schicksal wird von Vielem Dich scheiden
Denn wo das Glück ist, da ist auch das Leiden.

Die Kehrseite von so manchem Leiden
Ist das, was Dich macht bescheiden
Stellst Dein Leben einem anderen unter
Was du teilst, macht Dein Leben noch bunter
Der göttliche Funke der uns verblieben
Das Wichtigste im Leben ist Lieben.

Liebe in Einsamkeit

Wie groß sie ist, die Sehnsucht nach der alten Zeit
Sie schien so kurz und ist nun unendlich weit
Es ein rundherum geglücktes Leben war
Das schönste war mein Kinderpaar.

Jetzt fühl ich mich einsam und entrückt
Von Vergangenem oftmals entzückt
Meine Gedanken schön und frei
Euch Beiden meine Liebe ich weih`.

Nebel

Drohend beginnt er aufzusteigen
Und hüllt die Erde in Schweigen
Gibt Geschehnisse der Verklärung anheim
Ein jeder macht sich seinen eigenen Reim.

Er scheint ein Geheimnis zu bergen
Ist's der Gang vom Leben zum Sterben?
Welch Unsichtbares birgt nun sein Reich?
Unlösbares Rätsel – einer Tarnkappe gleich.

Und löst er sich dann, Opfer gleißenden Lichts
Der nasskalte Vorhang verschwindet im Nichts
War es nur ein Traum oder war sie doch wahr,
Im schaurigen Dickicht, die erfühlte Gefahr?

Schmelzender Schnee

Jetzt gehst Du fort für lange Zeit
Du hast uns so viel Licht gespendet
In der sonst so dunklen Jahreszeit
Nun ist Dein letzter Gang vollendet.

Die Kälte ließ dich überleben
Wald und Flur hast Du bedeckt
Den Wiesen Wärme reich gegeben
Kinder haben gern an dir geleckt.

Sie bauten Schneemann, fuhren Schlitten,
Sie gingen oft zu Dir hinaus
Haben sehr an dir gelitten
als Du gingst – das Spiel war aus!

Todesstunde

Nun ist sie da, die Stunde aller Stunden
Vorbei die schöne Zeit, es schmerzen letzte Wunden
Was jetzt kommt, kannst du nur wähnen
Beim Fluss Deiner letzten heißen Tränen.

Jetzt wird es still, siehst letztmals die Gesichter
Deiner Liebsten - bald erlöschen nun die Lichter
Biegst traurig in die letzte Stunde ein
Ein Jeder stirbt für sich allein.

Verkannte Liebe

Traurig
Warum nur
In stillen Momenten
Meine Gedanken bei Euch
Liebe

Vertrauen

Vertrauen geliehen, Vertrauen verpfändet
Meinung verfestigt, Meinung geändert
Unendlich vertraut, grausam enttäuscht
Das Leben ist Fassade, das Leben mäandert.

Lange Jahre sich hingegeben
Anderen Ihre Fehler vergeben
Gewissheit, Verständnis zu bekommen
Vor Enttäuschung jetzt benommen.

Auf wen kann man jetzt noch bauen
Wem sich nun noch anvertrauen
Wenn man sich fühlt als nur benutzt
Die Flügel sind endgültig gestutzt.

Danke für dieses Leben

Danke für dieses Leben
Es war wunderschön
Wollte nach Höherem streben
Manches davon ward gescheh'n.

Denk oft noch an meine Eltern
Die so oft standen zu mir
Kann es Ihnen nicht mehr vergelten
Im Herzen ich Sie nie mehr verlier.

Erfreue mich an meiner Familie
An Frau, Tochter und Sohn
Die mir bleiben bis an mein Ende
Daran denke ich hoffnungsvoll.

Und die paar wenigen Freunde
Die mich begleiteten auf meinem Weg
Mal war's nur einer, manchmal eine Meute
Führten mich über manch schmalen Steg.

Mischt sich immer auch Trauer
In ein jegliches Leben
Wehmut stand oft wie eine Mauer
Doch konnt' ich mich immer erheben.

Alles ist still

Alles ist still, die Welt scheint starr zu sein
Waberndes Herz entfernt vom Sonnenschein
Zieht seine Bahn durchs dunkle Wolkenband
Fern des Geschehens, unbeachtet, nah am Rand.

Der Lebenswille beginnt zu wanken
Schmerzhaft reifen nun Gedanken
Was soll ich noch auf dieser Welt
Wenn mir Mut und Freude fehlt.

Gern würde ich bei Euch noch bleiben
Im Grunde mich doch nicht entleiben
Doch fühl ich mich nur als Ballast
Wie eines Baumes morscher Ast.

Aber vielleicht kommt von irgendwo noch Licht
Das sich vor meinen Augen bricht
Und bringt das Rad wieder zum Laufen
Mir noch etwas Lebenszeit erkaufen.

Das Leben

Schnell gingen die Tage
Zurück bleibt ein Blick
Und die bange Frage
Was bleibt mir vom Glück.

So huschen vorbei
Manch' liebliche Bilder
und die Wehmut dabei
stimmt meine Seele nicht milder.

Doch eines reicht mir zum Trost
Wenn Vergangenes auch bleibt vergangen
Es bleibt was das Leben mir zugelost
Als Erinnerung in mir verhangen.

Ein Kommen und Gehen

Ein Kommen und ein Gehen
Liebe geschworen, Fehler vergeben
Hoffnung errichtet, Zuversicht erkoren
Enttäuschung erlitten, den Glauben verloren.

Zerrissenheit (Schatten und Licht)

Ich bin der Schatten und doch auch das Licht
Von Hass oft getränkt und auf Liebe erpicht
Kämpf für die Umwelt und fahr SUV
wandle meine Meinung und ändere mich nie.

Mein Herz ist oft hart und von Mitleid beseelt
Meine Gefühle eiskalt und ich fühl mich gequält
Helf' gerne den Armen und behalte mein Geld
Wünsch mir das Paradies und vernichte die Welt.

So bin ich mir treu und auch ambivalent
Mit den Menschen vertraut und von ihnen getrennt
Suche die Ruhe und hetz' durch die Zeit
Verachte die Nähe und bin dazu bereit.

Staub der Vergänglichkeit (Schicksal)

Wie gern' hab ich dich gesehen
Am Ball warst du ein Star
Und dann war es geschehen
Nichts ist mehr so, wie es mal war.

Es war kein Foul, doch einerlei
Es war ein Tritt tief in mein Herz
Ich ahnte schon, es ist vorbei
Tränen bezeugen meinen Schmerz.

Hätte dich so gerne noch gesehen
Zu meiner Freude, Deinem Glück
Doch das Schicksal lies geschehen
Was nicht nur mich so schwer bedrückt.

Zeitgeist

Zeitgeist kommt, Zeitgeist geht
Vom Schicksal geprägt, vom Winde verweht
Im Takt der Musik dem Gelände entlang
Niedergedrückt und im Überschwang.

Gedanken von damals verloren im Heut'
Vieles vergessen, manches bereut
Gerne Verschüttetes heute geborgen
Und einiges Glück von Neuem geboren.

So dachte ich mir so manches auf Anfang
Doch hätt' ich es wirklich besser getan?
Das meiste war im Rückblick richtig gewählt
Und keins meiner Ziele trotz Zeitgeist verfehlt.